Diether Schubert

Grammatische Fachausdrücke deutsch

dnf-Verlag

Grammatische Fachausdrücke deutsch

von
Diether Schubert

unter der Leitung
der Verlagsredaktion Sprachen, dnf-Verlag DAS NEUE FACHBUCH GmbH.

ISBN 3-931104-28-1

1. Auflage 11 | 99

Gestaltung und Gesamtherstellung: Studio Maurus, Germany.

Inhaltsverzeichnis

A

Ablaut

Der Ablaut ist der Wechsel des Stammvokals im Präsens, Präteritum und Partizip Perfekt bei der Konjugation der unregelmäßigen Verben.

- ich s**i**tze
- ich s**a**ß
- ich habe ges**e**ssen

Ableitung

Mit Ableitung wird die Wortbildung durch Anhängen von Präfixen und Suffixen bezeichnet.

- Geduld - **geduldig**
- Kind - **kindlich**
- bekannt - **Bekanntheit**

Ableitung, implizite, Nullableitung

Bei der impliziten Ableitung oder Nullableitung erfolgt der Wechsel von einer Wortart in eine andere ohne Suffix. Gelegentlich ändert sich der Stammvokal.

- bummeln - **Bummel**
- prügeln - **Prügel**
- werfen - **Wurf**

Abstraktum (Abstrakta) — Begriffswort

Das Abstraktum ist, im Gegensatz zum Konkretum, ein Substantiv, das etwas Nichtgegenständliches bezeichnet, etwas, das man nicht berühren kann.
Der Plural von Abstraktum ist Abstrakta.

- **Liebe**
- **Hass**
- **Schönheit**
- **Hässlichkeit**
- **Mut**

Adjektiv — Eigenschafts-, Wiewort

Das Adjektiv bezeichnet die Eigenschaft eines Lebewesens oder einer Sache (wie ist es?).

- Der Baum ist **groß**.
  (Wie ist der Baum? - **Groß**).
- Das Wetter ist **schön**.

Adjektiv, absolutes

Das absolute Adjektiv hat, im Gegensatz zum relativen Adjektiv, keine Ergänzung (z.B. ein Objekt) bei sich.

- Er ist **ärgerlich**.
- Sie ist **gespannt**.
- Sie ist **intelligent**.

Adjektiv, adverbiales

Das adverbiale oder adverbial gebrauchte Adjektiv kann, wie ein Adverb, Verben näher bestimmen (sonst beziehen sich Adjektive auf Substantive und bezeichnen deren Eigenschaften).

- Er **spricht** **laut**.
- Er **hat** das Auto **teuer** **bezahlt**.
- Er **singt** **leise**.
- Er **spielt** **falsch**.
- Dieses Argument **wiegt** **schwer**.

Adjektiv, attributives

Das attributive Adjektiv steht in Verbindung mit einem Substantiv.

- Das **schöne** **Wetter** hält sich.
- Das **rote** **Buch** gehört mir.

Adjektiv, prädikatives

Das prädikative Adjektiv ist durch **sein, werden, bleiben, finden, machen** etc. mit einem Substantiv verbunden.

- Das Haus **ist** **groß**.
- Die Sache **wird** **teuer**.
- Das Wetter **bleibt** **schön**.

Adjektiv, relatives

Das relative Adjektiv hat, im Gegensatz zum absoluten Adjektiv, eine oder zwei Ergänzungen (z.B. Objekte) bei sich.

- Er ist **ärgerlich** **auf seinen neuen Chef**.
- Sie ist **gespannt** **auf ihre neue Arbeit**.

Adressatenpassiv

Beim Adressatenpassiv wird ein passivischer Vorgang durch **bekommen, er-**

- Er **bekommt** ein Auto **geschenkt**.
- Er **bekam** einen Preis **verliehen**.

halten, kriegen + Partizip Perfekt ausgedrückt.

Adverb — Umstandswort, -angabe

Das Adverb bezeichnet die näheren Umstände, wie die Art und Weise, den Ort, die Zeit, die Menge, den Grad, die Intensität.
Es bezieht sich auf ein Verb, Adjektiv oder ein anderes Adverb. Mit dem Adjektiv werden die Eigenschaften von Substantiven bezeichnet.
Man unterscheidet finale, instrumentale, kausale, konditionale, konsekutive, konzessive, lokale, modale und temporale Adverbien.

- Er wohnt **dort**.
- Er kommt **bald**.
- Er liest **viel**.
- Die Schuhe sind **schön** **bunt**.
  (**Schön** bezieht sich auf das Adjektiv **bunt**, denn das «Buntsein» ist schön, nicht «die Schuhe».
  Im Gegensatz zum Adjektiv:
  Er hat **schöne** **Schuhe** an.
  (**Schön** bezieht sich auf das Substantiv **Schuhe**, denn «die Schuhe» sind schön.))

Adverbialsatz

Der Adverbialsatz ist ein Gliedsatz, der die näheren Umstände angibt (z.B. die Zeit, den Grund, die Ursache, die Folge, die Bedingung etc.).

- **Nachdem sie gegangen war**, ging ich zu Bett.
- **Da ich müde war**, ging ich früh schlafen.

adversativ — gegensätzlich

Adversativ heißt den Gegensatz ausdrücken.
Hierzu dienen adversative Konjunktionen wie **aber, allein, (je)doch, nur, sondern**.

- Peter wollte nach Spanien in den Urlaub fahren, **aber** Paul wollte nach Italien.
- Er verbringt seinen Urlaub nicht auf Sylt, **sondern** in Spanien.

Agens(angabe)

Der Agens bezeichnet, im Gegensatz

- **Der Hausmeister** öffnet die Tür.
  (Aktivsatz)

zum Patiens, die handelnde Person. In einem Aktivsatz ist der Handelnde das Subjekt. Im Passivsatz tritt dieses an die Stelle des Objekts und heißt dann Agensangabe.

- Die Tür wird **vom Hausmeister** geöffnet.
  (Passivsatz)

Akkusativ — Wen-Fall, 4. Fall

Der Akkusativ ist eine Person oder Sache, die durch die Frage **wen oder was?** ermittelt wird.

- Ich habe **deine Mutter** getroffen.
  (Wen oder was habe ich getroffen? - **Deine Mutter**.)
- Ich gebe dir **das Buch**.
  (Wen oder was gebe ich dir? - **Das Buch**.)

Akkusativobjekt, direktes Objekt

Das Akkusativobjekt oder direkte Objekt ist ein Satzglied im Akkusativ und wird daher erfragt durch die Frage **wen oder was?**.

- Ich habe **deine Mutter** getroffen.
  (Wen oder was habe ich getroffen? - **Deine Mutter**.)
- Ich habe **sie** getroffen.

Aktiv — Tat-, Tätigkeitsform

Im Aktiv ist das Subjekt der Handelnde. Im Gegensatz dazu wird im Passiv die Handlung am Subjekt vollzogen.

- **Der Hausmeister öffnet die Tür**.
- **Peter macht Hausaufgaben**.
- **Lisa schreibt einen Brief**.

Antonym — Gegen(satz)wort

Das Antonym ist, im Gegensatz zum Synonym, ein Wort, das das Gegenteil bezeichnet.

- groß - **klein**
- reich - **arm**
- eng - **weit**

Appellativum (Appellativa) — Gattungsname

Das Appellativum ist ein Substantiv, das eine bestimmte Gruppe von Lebewesen

- **Mann**
- **Frau**

oder Sachen bezeichnet, die wichtige Merkmale oder Eigenschaften gemeinsam haben.
Der Plural von Appellativum ist Appellativa.

- **Kind**
- **Hund**
- **Blume**
- **Pflanze**
- **Baum**

Apposition — Beisatz

Die Apposition ist ein substantivisches Attribut, das im Kasus mit dem Wort, auf das es sich bezieht, meistens übereinstimmt.

- Er sah meine Mutter, **eine alte Bekannte von ihm**, erst nach vielen Jahren wieder.

Artikel (bestimmter, unbestimmter) — Geschlechtswort

Der Artikel ist der Begleiter des Substantivs und gibt dessen Geschlecht und Zahl an.
Man unterscheidet bestimmter Artikel, **der, die, das** und unbestimmter Artikel, **ein, eine**.

- **der** Mann
- **die** Frauen
- **das** Fenster
- **ein** Mann
- **eine** Frau
- **ein** Tisch

asyndetisch

Bei Satzgliedern, die nicht durch Konjunktionen miteinander verbunden sind, spricht man, im Gegensatz zur syndetischen, von asyndetischer Verbindung.

- Das Buch ist **einfach zu lesen, unterhaltsam, gut geschrieben**.
- Das Auto ist **schnell, teuer, schön**.

Attribut — Beifügung

Das Attribut ist ein hinzugefügtes Satzglied, das für das Verständnis des Satzes nicht notwendig ist, diesen jedoch näher erläutert.

- **Mein großer Bruder** Mario hat mir in dieser schwierigen Situation sehr geholfen.

Attributsatz

Ein Attributsatz ist ein Nebensatz, der an Stelle eines Attributs steht.

- Lisa ist eine Frau, **die sehr fleißig ist**.
  (Lisa ist **eine sehr fleißige Frau**.)

Aufforderungssatz

Im Aufforderungssatz wird ein Befehl, eine Aufforderung ausgedrückt.

- **Sei ruhig!**
- **Kommt her!**

Augmentativbildung — Vergrößerungsbildung

Bei der Augmentativbildung ändert sich die Bedeutung von Wörtern, im Gegensatz zur Diminutivbildung, im Sinne von «groß, wichtig» durch Anhängen entsprechender Präfixe.

- **erz**dumm
- **Riesen**summe
- **Super**hirn
- **Spitzen**mann

Aussagesatz

Im Aussagesatz wird ein Sachverhalt behauptet oder mitgeteilt.

- **Petra schreibt einen Brief.**
- **Martin liest ein Buch.**

B

Bestimmung, adverbiale — Umstandsbestimmung

Adverbiale Bestimmungen geben den Ort, die Zeit, die Art und Weise, den Grund, die Ursache an.
Sie beziehen sich auf das Verb oder den ganzen Satzinhalt.

- **Er geht nach München.**
- **Ich sehe ihn morgen.**
- Sie **arbeitet sorgfältig**.
- Er **war außer sich vor Wut**.

Bestimmung, attributive

Attributive Bestimmungen geben den Ort, die Zeit, die Art und Weise, den Grund, die Ursache an und beziehen sich auf das Substantiv.

- **Die Projektwochen** **in der Schule** fanden großen Anklang.
- **Sein Eingreifen** **ohne jedes Zögern** war bewundernswert.

D

Dativ

Wem-Fall, 3. Fall

Der Dativ ist eine Person oder Sache, die durch die Frage **wem oder was?** ermittelt wird.

- Ich habe es **deiner Oma** gegeben.
  (Wem oder was habe ich es gegeben? - **Deiner Oma**.)

Dativobjekt, indirektes Objekt

Das Dativobjekt oder indirekte Objekt ist ein Satzglied (das meist eine Person bezeichnet) im Dativ und wird daher erfragt durch die Frage **wem oder was?**.

- Ich habe es **deiner Oma** gegeben.
  (Wem oder was habe ich es gegeben? - **Deiner Oma**.)
- Ich gebe **dir** das Buch.
  (Wem oder was gebe ich das Buch? - **dir**.)

Defektivum (Defektiva)

Defektiva sind Wörter, die nur eingeschränkt verwendet werden können, z.B. Verben, die kein Passiv, Substantive, die keinen Plural bilden können.
Der Plural von Defektivum ist Defektiva.

- Er **ist gegangen**.
  (nicht möglich:
  Er ist gegangen worden.)
- **der Mut**
  (Plural nicht möglich.)

Deklination

Beugung

Deklination bedeutet Abwandlung der Form von Substantiven, Artikeln, Prono-

- Die **Brüder** sind gestern gekommen.
  (Männliche Form im Singular, Nominativ:

men und Adjektiven, je nachdem in welchem Fall sie stehen oder welches Geschlecht sie haben.

Bruder.)
- Er ist **des** Mordes angeklagt.
(Männliche Form im Singular, Nominativ: der)

Demonstrativpronomen — hinweisendes Fürwort

Das Demonstrativpronomen weist auf bestimmte Personen oder Sachen. Zu den Demonstrativpronomen gehören **dieser, diese, dieses, jener, jene, jenes, der, die, das**.

- Hast du **dieses** Buch gelesen?
- Siehst du **jenes** Buch dort?
- Ist sie gestern angekommen? **Das** weiß ich nicht.

Diminutivbildung — Verkleinerungsbildung

Bei der Diminutivbildung ändert sich die Bedeutung von Substantiven, im Gegensatz zur Augmentativbildung, im Sinne von «klein, niedlich» durch Anhängen entsprechender Suffixe oder Präfixe.
Die häufigste Diminutivbildung ist **-chen**.

- Bäum**chen**
- Mäus**chen**
- Häus**lein**
- Mutt**i**
- **Mini**taxi

Diphthong — Doppel-, Zwielaut

Der Diphthong ist, im Gegensatz zum Monophthong, ein Laut aus zwei Vokalen, die jedoch miteinander verschmolzen ausgesprochen, also nicht getrennt ausgesprochen werden.

- H**au**s
- M**au**er
- **Ei**mer
- **Eu**ter

Direkte, wörtliche Rede

In der direkten Rede richtet der Sprecher seine Äußerung, im Gegensatz zur indirekten Rede, direkt an die angesprochene Person. Sie wird durch Anführungszeichen gekennzeichnet.

- Peter sagt: **«Ich bin erst gestern angekommen.»**
- Sie sagte: **«Ich habe ihn letzte Woche am Bahnhof getroffen.»**

disjunktiv — einander ausschließend

Disjunktiv heißt von zwei oder mehr Möglichkeiten kommt nur eine in Betracht.
Hierzu dienen disjunktive Konjunktionen wie **oder, entweder - oder**.

- Er verbringt seinen Urlaub **entweder** auf Sylt **oder** in Spanien.
- Peter **oder** Paul hat seinen Wohnsitz nach Spanien verlegt.

E

Eigenname

Eigennamen bezeichnen Lebewesen oder Sachen, die einmalig sind.

- **Deutschland**
- **Berlin**

Elativ, absoluter Superlativ

Der Elativ oder absolute Superlativ bezeichnet, wie der Superlativ, den höchsten Grad einer Eigenschaft. Er steht im Gegensatz zum Superlativ jedoch nicht zum Ausdruck eines Vergleichs.

- Er hat nicht die **leiseste** Andeutung gemacht.
- Seine Forderungen wurden **weitestgehend** erfüllt.

Ellipse — Auslassung

Bei der Ellipse werden Redeteile ausgelassen.

- **Danke.**
  (Statt: **Ich danke Ihnen.**)

Entscheidungsfrage, Satzfrage

Entscheidungs- oder Satzfragen stellen einen gesamten Satzinhalt in Frage. Sie erwarten in der Regel eine Ja- oder Nein-Antwort. Das Verb steht an erster Stelle.

- **Hast du sie getroffen?** (Ja/Nein).
- **Hast du deinen Schlüssel gefunden?**
- **Bist du freundlich aufgenommen worden?**

Ergänzung

Das Verb kann eine oder mehrere Ergänzungen bei sich haben. Diese Ergänzungen sind Objekte (z.B. Dativ-, Akkusativobjekt), prädikative Ergänzungen, adverbiale Bestimmungen.

- Ich gebe **dir** (Dativobjekt) **das Buch** (Akkusativobjekt).
- Peter und Anna sind **fleißig**. (prädikative Ergänzung)
- Ich gehe **morgen ins Kino**. (adverbiale Bestimmung der Zeit und des Ortes)

Ergänzungsfrage, Wortfrage

Die Ergänzungs- oder Wortfrage stellt einen Sachverhalt unter einem ganz bestimmten Gesichtspunkt in Frage. Das Verb steht an zweiter Stelle, die Frage wird durch ein Fragewort eingeleitet.

- **Wann werdet ihr euch treffen?**
- **Warum bist du früher abgereist?**
- **Was hat sie dir zugeflüstert?**

Erlebte Rede

Die erlebte Rede ist ein Stilmittel der Literatur zum Ausdruck unausgesprochener Gedanken der Darsteller.
Die erlebte Rede steht meist in der 3. Person und im Indikativ.

- Er dachte: **Morgen früh geht er ins Büro und würde dem Chef endlich die Meinung sagen.**

Ersatzinfinitiv

Bei bestimmten Verben, die mit einem Infinitiv stehen, tritt der Ersatzinfinitiv an die Stelle des Partizip Perfekt.

- Ich habe ihn **kommen** sehen.
  (nicht:
  Ich habe ihn **kommen** gesehen.)

F

Femininum (Feminina) weiblich

Mit Femininum wird, im Gegensatz zum

- **die Frau**

Maskulinum und Neutrum, das weibliche Geschlecht bezeichnet.
Der Plural von Femininum ist Feminina.

- **die Maus**
- **die Tür**
- **eine Tasche**

final

Final heißt den Zweck, die Absicht ausdrücken.
Hierzu dienen finale Adverbien wie **dazu, darum, hierzu, hierfür**, finale Konjunktionen wie **damit, dass**, finale Präpositionen wie **zu, zufolge, zwecks**.

- Ich will gewinnen, **dazu** trainiere ich hart.
- Sie fing früher an zu arbeiten, **damit** sie früher gehen konnte.
- Sie belegten einen Computerkurs **zur** Weiterbildung.

Finalsatz

Der Finalsatz ist ein Nebensatz, der den Zweck, die Absicht ausdrückt.
Er wird durch finale Konjunktionen eingeleitet.

- Sie schickten ihn nach England, **damit er Englisch lernt**.
- Er beeilte sich, **damit er nicht zu spät kam**.

Finitum — Personalform

Das Finitum ist, im Gegensatz zum Infinitum, die konjugierte Verbform, durch Person, Numerus, Modus,Tempus bestimmt.

- Er **geht**.
  (Person: 3. Person (geht nicht z.B. gehst)
  Numerus: Singular (geht nicht z.B. gehen)
  Tempus: Präsens (geht nicht z.B. ging)
  Modus: Indikativ (geht nicht z.B. gehe))

Flexion — Beugung

Flexion ist der Oberbegriff für die Begriffe Deklination und Konjugation.

- die **Frauen** (von Frau)
- ich **gehe** (von gehen)

Flexionskasus

Der Flexionskasus ist die abgewandelte durch den jeweiligen Kasus bestimmte Form eines Substantivs etc.

- Er wurde **seines Lebens** nicht mehr froh.
  (Genitiv; Nominativ hieße sein Leben)

Fügewort

Fügewörter sind Präpositionen und Konjunktionen, die dazu dienen, Satzteile und -glieder zu verbinden.

- Er geht **in** die Bücherei. (Präposition)
- Er sitzt **auf** (Präposition) dem Tisch **und** (Konjunktion) liest.

Futur I — 1., unvollendete Zukunft

Das Futur I ist eine Verbform, die ausdrückt, dass ein Vorgang in der Zukunft ablaufen wird.
Die deutsche Bezeichnung **unvollendete Zukunft** drückt aus, dass der Vorgang zum Sprechzeitpunkt noch nicht abgeschlossen ist.
Das Futur I wird gebildet aus **werden + Infinitiv**.

- Ich **werde** im Sommer in die USA **reisen**.
- Ich bin ganz sicher, dass ich die Prüfung **bestehen werde**.
- Er **wird** morgen früh um 6 Uhr am Bahnhof **ankommen**.

Futur II — 2., vollendete Zukunft

Das Futur II ist eine Verbform, die ausdrückt, dass ein Vorgang zu einem bestimmten Zeitpunkt in der Zukunft abgeschlossen sein wird.
Das Futur II wird gebildet aus **werden + Partizip Perfekt + haben** oder **sein**.

- Ich **werde** diese Arbeit bis morgen Abend **beendet haben**.
- Er **wird** in ungefähr 4 Wochen am Zielort **angekommen sein**.

G

Gattungszahlwort

Gattungszahlwörter werden aus **Kardinalzahl + -er + -lei** gebildet.

- **einerlei**
- **zweierlei**

Genitiv — Wes(sen)-Fall, 2. Fall

Der Genitiv ist eine Person oder Sache, die durch die Frage **wessen?** ermittelt wird.

- das Auto **seines Vaters**
  (Wessen Auto? - **Seines Vaters Auto.**)
- das neue Buch **dieses Autors**

Genitivobjekt

Das Genitivobjekt ist ein Satzglied im Genitiv und wird daher erfragt durch **wessen?**.

- Er hat das Auto **seines Vaters** zu Schrott gefahren.
  (Wessen Auto hat er zu Schrott gefahren? - **Seines Vaters Auto.**)

Genus (Genera) — grammatisches Geschlecht

Der Genus bezeichnet, im Gegensatz zum Sexus, das grammatische Geschlecht. Im Deutschen unterscheidet man männlich, weiblich und sächlich. Dies wird durch die Artikel **der, die, das** und **ein, eine, ein** angezeigt.
Der Plural von Genus ist Genera.

- **der, ein Mann**
- **die, eine Frau**
- **das, ein Kind**
- **der, ein Tisch**
- **die, eine Tür**
- **das, ein Fenster**

Genus verbi

Mit Genus verbi wird das Verb, das im Aktiv oder Passiv steht, bezeichnet.

- Ich **lade** dich **ein**. (Aktiv)
- Ich **bin eingeladen**. (Passiv)

Gerundiv(um)

Das Gerundiv(um) ist eine Verbform, die aus **zu + Verb + -end** bzw. **-nd** bei Verben auf **-eln** oder **-ern** gebildet wird.

- ein **zu fürchtendes** Ereignis
- ein **anzuerkennender** Erfolg
- eine **anzustrebende** Situation

Gleichzeitigkeit

Gleichzeitigkeit bedeutet, dass der Vor-

- Während er das Haus **verließ, fuhr**

gang des Hauptsatzes zur gleichen Zeit stattfindet wie der Vorgang im Nebensatz.

die Nachbarin mit dem Auto vor.
(Das Verlassen des Hauses und das Vorfahren der Nachbarin findet gleichzeitg statt.)

Gliedsatz

Ein Gliedsatz ist ein Nebensatz, der an Stelle eines Satzglieds (z.B. des Subjekts, des Objekts etc.) steht.

- **Dass du mich besuchen kommst**, freut mich sehr.
(**Es** freut mich sehr.)

H

Hauptsatz

Der Hauptsatz besteht aus mindestens einem Subjekt und einem Verb und kann, im Gegensatz zum Nebensatz, alleine stehen.

- **Er geht.**
- **Er ging früh zu Bett**, da er früh aufstehen musste.

Hauptwortart

Zu den Hauptwortarten gehören die Wortarten Verb, Substantiv und Adjektiv.

- **gehen** (Verb)
- **Haus** (Substantiv)
- **klein** (Adjektiv)

Hilfsverb

Das Hilfsverb wird, im Gegensatz zum Vollverb, zur Bildung der zusammengesetzten Zeiten und des Passivs benötigt. Hierzu zählen **haben, sein** und **werden**.

- Er **hat** das Buch gelesen.
- Er **ist** früh nach Hause gegangen.
- Er **wird** morgen abreisen.
- Das Fenster **wurde** geöffnet.

Homonym — gleichlautendes Wort

Homonyme sind gleichlautende Wörter unterschiedlicher Bedeutung.

- **Bank** (Geldinstitut)
- **Bank** (Sitzbank)

Hypotaxe — Satzgefüge

Die Hypotaxe besteht aus mindestens einem Haupt- und einem Nebensatz.

- **Der Zug war bereits abgefahren** (Hauptsatz), **als ich ankam** (Nebensatz).

I

Imperativ — Befehlsform

Der Imperativ ist ein Verb, das einen Befehl, eine Aufforderung ausdrückt.

- **Geh!**
- **Kommt herein!**

Imperfekt, Präteritum — 1. Vergangenheit

Das Imperfekt, Präteritum ist eine Verbform, die ausdrückt, dass ein Vorgang in der Vergangenheit stattfand.
Das Imperfekt, Präteritum wird aus dem Vollverb (ohne Hilfsverb) gebildet.

- Sie **wartete** ungeduldig.
- Er **kam** spät heim.
- Sie **ging** früh nach Hause.

Impersonale (Impersonalia) — unpersönliches Verb

Das Impersonale ist eine Verbform in der 3. Person Singular, die, im Gegensatz zum Personale, nur mit **es** verbunden wird.
Der Plural von Impersonale ist Impersonalia oder Impersonalien.

- **Es regnet.**
- **Es schneit.**
- **Es donnert.**

Indefinitadverb — unbestimmtes Umstandswort

Indefinitadverbien sind Adverbien, die den unbestimmten Ort, die unbestimmte Zeit, Art und Weise, Menge bezeichnen.

- Er kennt sie **irgendwoher**.
- Sie wird **irgendwann** scheitern.
- Er wird das **irgendwie** lösen.

Hierzu gehören **irgendwo(hin), irgendwann, irgendwie, irgendwoher** etc.

Indefinitpronomen — unbestimmtes Fürwort

Indefinitpronomen sind Pronomen, die eine unbestimmte Person oder Sache bezeichnen. Hierzu gehören **jemand, niemand, keiner, etwas, nichts**.

- Es war **niemand** da.
- Es war **keiner** da.
- Ich habe **nichts** gesehen.
- Er hat **etwas** gegessen.

Indikativ — Wirklichkeitsform

Der Indikativ ist eine Verbform, die einen Vorgang, im Gegensatz zum Konjunktiv, als tatsächlich oder wirklich darstellt.
Besonders zu beachten ist die Verwendung des Indikativs in der direkten Rede und in der indirekten Rede nach **dass**. (Der Konjunktiv steht in der indirekten Rede, wenn **dass** fehlt.)

- Ich **habe** viel Geld.
- Er sagte: «Ich **gehe** nach Hause.»
- Er sagte, **dass** er nach Hause **geht**.

Indirekte Rede

In der indirekten Rede wird die Äußerung des Sprechers, im Gegensatz zur direkten oder wörtlichen Rede, durch eine dritte Person wiedergegeben.

- **Peter sagte, dass er erst gestern angekommen ist.**
- **Lisa sagte, sie habe das Buch gelesen.**

Infinitum

Das Infinitum ist, im Gegensatz zum Finitum, eine nicht konjugierte Verbform. Hierzu gehören der Infinitiv und die Partizipien.

- **gehen** (Infinitiv)
- **schreibend** (Partizip Präsens)
- **gegangen** (Partizip Perfekt)

Infinitiv — Grund-, Nennform

Der Infinitiv ist die Grundform des Verbs, also die Form, in der man ein Verb nennt.

- **essen**
- **trinken**
- **sitzen**

Infinitiv, modaler

Der modale Infinitiv wird gebildet aus **sein** oder **haben + zu + Infinitiv**.

- Dieses Problem **ist** noch **zu lösen**.
- Das **hat** nichts **zu sagen**.

Infinitivkonjunktion

Infinitivkonjunktionen schließen Infinitive an. Hierzu gehören **zu, (an)statt zu, ohne zu, um zu**.

- Er versuchte sie **zu** **erreichen**.
- Ich ging nach Hause, **um zu** **lernen**.
- Er ging feiern, **anstatt zu** **lernen**.

Inhaltssatz

Der Inhaltssatz ist ein Nebensatz, der durch ein Fragewort oder **dass** eingeleitet wird.

- Ich habe mich gefragt, **wie es dir geht**.
- Ich habe mich gefreut, **dass du mich besucht hast**.

instrumental

Instrumental heißt die Mittel, das Werkzeug bezeichnen.
Hierzu dienen instrumentale Adverbien wie **dadurch, hierdurch, wodurch, hiermit, womit**, instrumentale Präpositionen wie **durch, mit(tels)** etc.

- Er hat mir **dadurch** sehr geschadet.
- **Womit** kann ich Ihnen helfen?
- Er wurde **durch** die Musik bekannt.

Interjektion — Ausrufewort

Die Interjektion ist ein Wort, das einen Ausruf ausdrückt.

- **ach!**
- **oh!**

Interjektional-, Interjektionssatz — Ausrufesatz

Im Interjektional-, Interjektionssatz wird ein Ausruf ausgedrückt.

- **Hast du aber viele Bücher!**
- **Autsch! Das war heiß!**

Interrogativadverb — Frageumstandswort

Das Interrogativadverb fragt nach dem Ort, der Zeit, der Art und Weise, dem Grund, der Ursache und leitet einen Fragesatz ein. Hierzu gehören **wo, woher, wohin, wann, wie, warum** etc.

- **Wo** kommst du her?
- **Wann** reist du ab?
- **Wie** geht's?
- **Warum** hast du das getan?

Interrogativpronomen — Fragefürwort

Interrogativpronomen fragen nach Personen oder Sachen und leiten Fragesätze ein. Hierzu gehören **welcher, welche, welches, wer, was**.

- **Wer** ist dieser Mann?
- **Welches** Auto ist deines?
- **Was** hast du gewollt?

Intonation

Durch die Intonation wird die Aussageabsicht durch Änderung der Tonhöhe gekennzeichnet (z.B. in einer Frage wird die Stimme am Ende angehoben).

- Wie bitte? ↗
- Sein Zug fährt um 18:00 Uhr. ↘

intransitiv ⟶ **Verb, intransitives**

Inversion

Bei der Inversion tritt das Subjekt hinter das Verb.

- Im Mai **werde ich** im Urlaub sein.
  (Im Gegensatz zu:
  Ich werde im Mai im Urlaub sein.)

K

Kardinalzahl — Grundzahl

Kardinalzahlen geben die vorhandene Anzahl von Lebewesen oder Sachen an.

- **eins**
- **zwanzig**

Kasus — Fall

Ein Substantiv steht im Satz in verschiedenen Formen, dem Kasus. Man unterscheidet Nominativ, Genitiv, Dativ und Akkusativ.
Der Plural von Kasus ist Kasus.

- **Das Auto** war sehr teuer. (Nominativ)
- Er hat das Auto **seines Vaters** verkauft. (Genitiv)
- Ich gebe **dir** das Buch. (Dativ)
- Ich gebe dir **das Buch**. (Akkusativ)

kausal — begründend

Kausal heißt den Grund, die Ursache ausdrücken.
Hierzu dienen kausale Adverbien wie **deshalb, demnach, somit, daher**, kausale Konjunktionen wie **denn, weil, da,** kausale Präpositionen wie **auf, aus, infolge, um, wegen**.

- Ich will gewinnen, **deshalb** trainiere ich hart.
- Peter kann nicht kommen, **weil** er sich das Bein gebrochen hat.
- Er war **wegen** Krankheit verhindert.

Kausalsatz

Der Kausalsatz ist ein Nebensatz, der den Grund, die Ursache angibt und durch eine kausale Konjunktion eingeleitet wird.

- **Da mein Auto kaputt ist**, kann ich nicht kommen.
- Er musste nachsitzen, **weil er zu spät kam**.

Kernsatz

In Kernsätzen steht das Finitum an zweiter Stelle. Dies wird auch Mittel-, Achsenstellung des Verbs genannt.

- Petra **hilft** ihrem kleinen Bruder bei den Hausaufgaben.
- Denn Petra **hilft** ihrem kleinen Bruder bei den Hausaufgaben.

Zu den Kernsätzen zählen auch Sätze mit einleitenden Wörtern.

Kollektivum (Kollektiva) — Sammelbegriff, -wort

Kollektiva sind Substantive, die mehrere oder eine Gruppe von Lebewesen oder Sachen bezeichnen.
Der Plural von Kollektivum ist Kollektiva.

- **Familie**
- **Volk**
- **Herde**

Komparation — Steigerung

Die Komparation ist die Steigerung des Adjektivs oder Adverbs. Man unterscheidet die Steigerungsformen Positiv, Komparativ und Superlativ.

- **groß** (Positiv)
- **größer** (Komparativ)
- **am größten** (Superlativ)

Komparativ — Mehr-, Höherstufe, ungleicher Grad

Der Komparativ drückt, im Gegensatz zum Positiv und Superlativ, aus, dass zwei Wesen oder Sachen bezüglich eines Merkmals, einer Eigenschaft ungleich sind.
Der Komparativ wird von Adjektiven und Adverbien gebildet.

- **größer** (von groß)
- **kleiner** (von klein)
- **schwieriger** (von schwierig)

Kompositum (Komposita) — zusammengesetztes Wort

Ein Kompositum ist, im Gegensatz zum Simplex, ein Wort, das aus zwei oder mehreren selbständigen Wörtern (z.B. Substantiv und Substantiv, Substantiv und Verb etc.) zusammengesetzt ist.
Der Plural von Kompositum ist Komposita.

- **Zahnbürste**
- **Tischtuch**
- **Radrennen**

konditional — bedingend

Konditional heißt eine Bedingung ausdrücken.
Hierzu dienen konditionale Adverbien wie **andernfalls, sonst**, konditionale Konjunktionen wie **wenn, falls, im Falle, sofern, soweit**, konditionale Präpositionen wie **für, in, unter**.

- Sei pünktlich, **sonst** kommen wir zu spät.
- **Wenn** ich im Lotto gewinne, kaufe ich mir ein neues Auto.
- **Unter** diesen Umständen kann ich nicht kommen.

Konditionalsatz — Bedingungssatz

Ein Konditionalsatz ist ein Nebensatz, der die Bedingung ausdrückt. Er wird durch konditionale Konjunktionen eingeleitet.

- **Wenn es regnet**, komme ich.
- **Wenn es regnen würde**, käme ich.
- **Wenn es geregnet hätte**, wäre ich gekommen.

Kongruenz, grammatische — grammatische Übereinstimmung

Grammatische Kongruenz bedeutet Übereinstimmung der Verbform mit dem Subjekt, d.h. steht das Subjekt z.B. im Plural, so steht auch das Verb im Plural.

- **Ich gehe** nach Hause.
- **Wir gehen** nach Hause.
- **Das Buch liegt** auf dem Tisch.
- **Die Bücher liegen** auf dem Tisch.

Konjugation — Beugung

Konjugation bedeutet Abwandlung des Infinitivs des Verbs bezüglich Person, Zeit und Modus, d.h. der Verbstamm des Verbs wird nicht verändert, während die Verbendung bezüglich Person, Zeit und Modus entsprechend abgewandelt wird.

- lieben - ich **liebte**
  (1. Person Singular, Präteritum, Indikativ
- lieben - er **liebe**
  (3. Person Singular, Konjunktiv I)

Konjunktion — Bindewort

Die Konjunktion ist ein Bindewort, das Sätze, Wörter oder Wortgruppen miteinander verbindet.

- Peter **und** ich
- Peter wollte nach Spanien in den Urlaub, **aber** Paul wollte nach Italien.

Man unterscheidet adversative, disjunktive, finale, kausale, konditionale, konsekutive, konzessive, kopulative, modale, proportionale, restriktive, temporale und vergleichende Konjunktionen.

- Peter **oder** Paul hat seinen Wohnsitz nach Spanien verlegt.
- Sie fing früher an zu arbeiten, **damit** sie früher gehen konnte.

Konjunktion, koordinierende — bei-, nebenordnendes Bindewort

Koordinierende Konjunktionen verbinden Wörter oder Teilsätze.
Hierzu gehören die adversativen, disjunktiven, kausalen und kopulativen Konjunktionen.

- **Peter und Paul** gehen in die gleiche Klasse.
- **Er verbringt seinen Urlaub auf Sylt oder in Spanien.**

Konjunktion, subordinierende

Subordinierende Konjunktionen leiten Nebensätze ein.
Hierzu gehören die adversativen, finalen, kausalen, konditionalen, konsekutiven, konzessiven, modalen, proportionalen, temporalen und vergleichenden Konjunktionen.

- **Während Peter in seinem Zimmer saß und las**, machte seine Schwester ihre Hausaufgaben.
- **Nachdem Peter seine Hausaufgaben erledigt hatte**, traf er sich mit seinem Freund Paul.

Konjunktionalsatz

Ein Konjunktionalsatz ist ein Nebensatz, der durch eine Konjunktion eingeleitet wird.

- **Nachdem Peter seine Hausaufgaben erledigt hatte**, traf er sich mit seinem Freund Paul.

Konjunktiv — Möglichkeitsform

Der Konjunktiv ist eine Verbform, die, im Gegensatz zum Indikativ, die Nicht-Wirklichkeit, den Wunschgedanken ausdrückt und vor allem in der indirekten Rede (ohne einleitendes **dass**) steht.

- Ach, wenn ich nur viel Geld **hätte**.
- Wenn ich im Lotto **gewänne**, würde ich mir ein neues Auto kaufen.
- Er sagte, er **käme** rechtzeitig.

Konkretum (Konkreta) — Gegenstandswort

Das Konkretum ist ein Substantiv, mit dem, im Gegensatz zum Abstraktum, etwas Gegenständliches bezeichnet wird (Sachen, die man berühren kann).
Der Plural von Konkretum ist Konkreta.

- **Mensch**
- **Baum**
- **Tisch**

konsekutiv — folgernd

Konsekutiv heißt die Folge, die Wirkung ausdrücken.
Hierzu dienen konsekutive Adverbien wie **daher, darum, deswegen, infolgedessen, also, demnach, folglich, mithin, somit, demzufolge,** konsekutive Konjunktionen wie **so dass, als dass, dass**.

- Er hat sich nicht auf die Prüfung vorbereitet und ist **demzufolge** durchgefallen.
- Er lag so lange in der Sonne, **dass** er einen Sonnenbrand bekam.

Konsekutivsatz

Der Konsekutivsatz ist ein Nebensatz, der die Folge, Wirkung ausdrückt. Er wird durch eine konsekutive Konjunktion eingeleitet.

- Er arbeitete so viel, **dass er krank wurde**.
- Er lag so lange in der Sonne, **dass er einen Sonnenbrand bekam**.

Konsonant — Mitlaut

Ein Konsonant ist ein Laut, zu dessen Aussprache, im Gegensatz zum Vokal, noch ein anderer Laut benötigt wird.
Zu den Konsonanten zählen alle Laute außer den Vokalen (**a, e, i, o, u**).

- **b** (ausgesprochen b + e)
- **c**
- **d**

Konsonantenwechsel

Beim Konsonantenwechsel ändert sich

der Endkonsonant und der Vokal des Verbstamms einiger Verben im Präteritum und im Partizip Perfekt.

- ich **sitz**e (Verbstamm: sitz-)
- ich s**aß**
- ich habe ges**ess**en

konzessiv — einräumend

Konzessiv heißt die Einräumung ausdrücken.
Hierzu dienen konzessive Adverbien wie **trotzdem, dennoch**, konzessive Konjunktionen wie **obgleich, obwohl,** konzessive Präpositionen wie **trotz, ungeachtet**.

- Herr Maier hat schon Feierabend. **Dennoch** können Sie ihn noch sprechen.
- **Obwohl** er sich beeilte, verpasste er den Zug.
- **Trotz** intensiver Vorbereitung, hat er die Prüfung nicht bestanden.

Konzessivsatz

Der Konzessivsatz ist ein Nebensatz, der die Einräumung ausdrückt. Er wird durch eine konzessive Konjunktion eingeleitet.

- **Obwohl er sich beeilte**, verpasste er den Zug.
- **Obgleich sie krank war**, kam sie zu unserem Fest.

kopulativ — aneinander reihend

Kopulativ heißt, es werden Wörter oder Sätze aneinander gereiht.
Hierzu dienen kopulative Konjunktionen wie **und, oder, (so) wie, sowohl als auch, nicht nur sondern auch, weder noch**.

- **Sowohl** Peter **als auch** Paul gehen mit mir in eine Klasse.
- Er verbringt seinen Urlaub **nicht nur** in Spanien **sondern auch** auf Sylt.

L

Lehnwort

Ein Lehnwort ist ein aus einer fremden Sprache entlehntes und in der eigenen

- **Computer**
- **Souterrain**

Sprache verwendetes Wort.

Lexem

Ein Lexem ist eine selbständige Bedeutungseinheit im Wörterbuch.

- **Tisch**
- **Stuhl**

lokal — örtlich

Lokal heißt den Ort bezeichnen.
Hierzu dienen Lokaladverbien wie **da, dort**, lokale Präpositionen wie **an, auf, unter, über**.

- Er ist nicht **da**.
- Ich war **dort**.
- Das Buch liegt **auf** dem Tisch.

M

Maskulinum (Maskulina) — männlich

Mit Maskulinum wird, im Gegensatz zum Femininum und Neutrum das männliche Geschlecht bezeichnet.
Der Plural von Maskulinum ist Maskulina.

- **der Mann**
- **der Junge**
- **der Baum**
- **der Tisch**

modal

Modal heißt die Art und Weise ausdrücken.
Hierzu dienen modale Adverbien, modale Konjunktionen wie **indem, ohnedass, (an)statt dass**, modale Präpositionen wie **auf, aus, außer, bei, für, gegen, in, mit, ohne, unter, von, zu**.

- Er sagte mir **rundheraus**, dass er mich nicht mag.
- Sie arbeitete ununterbrochen, **ohne dass** sie eine Pause machte.
- Er hielt die Rede **auf** Englisch.

Modalsatz

Modalsätze sind Nebensätze, die die Art und Weise, die Umstände, die Mittel ausdrücken. Sie werden durch modale Konjunktionen eingeleitet.

- Er schaffte die Prüfung, **indem er Tag und Nacht lernte**.

Modalverb, modifizierendes Verb

Modalverben oder modifizierende Verben wandeln den Inhalt eines anderen Verbs ab und stehen mit dem Infinitiv.
Zu den Modalverben gehören **dürfen, können, mögen, müssen, sollen, wollen**.

- Ich **durfte** früh nach Hause **gehen**.
- Ich **könnte** die Prüfung **schaffen**.
- Ich **muss** morgen früh **aufstehen**.
- Ich **soll** ihn am Bahnhof **treffen**.
- Ich **will** sie nie **wieder sehen**.

Modus (Modi) — Aussageweise

Der Modus bezeichnet verschiedene Verbformen, die einer Aussage eine bestimmte Färbung geben.
Zu den Modi gehören Indikativ, Konjunktiv, Imperativ.
Der Plural von Modus ist Modi.

- Ich **bestehe** die Prüfung garantiert.
  (Indikativ: Tatsache, Sicherheit)
- Ich **bestünde** die Prüfung, wenn ich rechtzeitig zu lernen **begänne**.
  (Konjunktiv: Möglichkeit)
- **Hau ab!**
  (Imperativ: Befehl)

Monolog, innerer

Der innere Monolog gibt eine Aussage wieder, wobei diese meist in der 1. Person und im Konjunktiv steht.

- (Ich dachte:) **Heute nachmittag besuchte ich meine Oma**.

Monophthong — einfacher Vokal

Monophthonge bestehen, im Gegensatz zu den Diphthongen, nur aus einem Laut bzw. Vokal.

- br**a**ten
- l**e**sen
- H**i**tze

monosyndetisch

Bei Satzgliedern, von denen die letzten durch Konjunktionen verbunden sind, spricht man von monosyndetischer Verbindung.

- Dies ist ein **lehrreiches, interessantes und unterhaltsames** Buch.
- Dies ist ein **altes, zerbeultes aber unersetzliches** Auto.

Motionsbildung, Movierung

Motionsbildung oder Movierung heißt Ableitung von Personen- oder Tierbezeichnungen nach dem jeweiligen Geschlecht.
Zur Ableitung weiblicher Bezeichnungen dient häufig das Suffix **-in**.

- Autor - **Autorin**
- Kollege - **Kollegin**
- Friseur - **Friseuse**

N

Nachzeitigkeit

Nachzeitigkeit bedeutet, dass der Vorgang des Nebensatzes nach dem des Hauptsatzes stattfindet.

- Ich **sah** sie, **bevor** sie mich **sah**.
  (Hauptsatz Nebensatz)
- Als ich am Bahnhof **ankam**, **war** der Zug **bereits abgefahren**.

Nebensatz

Nebensätze sind Teilsätze, die, im Gegensatz zu Hauptsätzen, nicht alleine stehen können.

- Er begegnete mir, **als ich das Haus verließ**.
- Ich sah sie, **bevor sie mich sah**.

Nebensatz ersten etc. Grades

In einem Satzgefüge mit mehreren Teilsätzen kann ein Nebensatz Hauptsatz zu einem weiteren Nebensatz sein.

- Ich denke, **dass es besser ist,**
  (Nebensatz 1. Grades)
  wenn du jetzt gehst.
  (Nebensatz 2. Grades)

Der Nebensatz, der sich auf den ersten Hauptsatz bezieht, heißt Nebensatz ersten Grades, der Nebensatz, der sich auf den Nebensatz bezieht, der wiederum Hauptsatz zu einem weiteren Nebensatz ist, heißt Nebensatz zweiten Grades. Einander nebengeordnete Nebensätze haben den gleichen Grad bezüglich des Hauptsatzes.

- Er kam nicht, **weil er sich das Bein gebrochen hatte und** (Nebensatz 1. Grades) **weil er deshalb im Krankenhaus lag**. (Nebensatz 1. Grades)

Negation — Verneinung

Bei der Negation wird eine Aussage verneint. Dies kann auch durch Wörter, die negativen Inhalt haben, erfolgen.

- Ich habe ihn seit Monaten **nicht** mehr gesehen.
- Ich **bezweifle**, was du sagst.

Negation, doppelte — doppelte Verneinung

Bei der doppelten Negation werden Wörter, die bereits negative Bedeutung haben, verneint.

- Er ist an dieser Sache **nicht desinteressiert**.
- Das Buch ist **nicht uninteressant**.

Negationspartikel — Verneinungswort

Negationspartikel sind Wörter, die eine Verneinung ausdrücken. Zu den Negationspartikeln gehören **nicht, nie, niemals, nirgends, nirgendwo(hin, -her), keinesfalls, keineswegs**.

- Ich habe ihn seit Monaten **nicht** mehr gesehen.
- Das habe ich **niemals** gesagt.
- Ich will sie **keinesfalls** dort treffen.

Negationspronomen — Verneinungsfürwort

Negationspronomen sind Pronomen, die die Verneinung ausdrücken. Zu den Negationspronomen gehören **keiner, niemand, nichts**.

- **Keiner** hilft mir.
- **Niemand** hat mir geholfen.
- Ich habe **nichts** gesehen.

Neutrum (Neutra) — sächlich

Mit Neutrum wird, im Gegensatz zum Maskulinum und Femininum das sächliche Geschlecht bezeichnet.
Der Plural von Neutrum ist Neutra.

- **das Kind**
- **das Haus**
- **das Fenster**

Nomen, Substantiv — Ding-, Haupt-, Nennwort

Nomen oder Substantive bezeichnen Lebewesen, Pflanzen, Gegenstände und können mit dem Artikel verbunden werden. Sie werden großgeschrieben.

- (der, ein) **Mann**
- (die, eine) **Frau**
- (der, ein) **Baum**
- (die, eine) **Tür**
- (das, ein) **Buch**

Nominativ — Wer-Fall, 1. Fall

Der Nominativ ist ein Substantiv, das durch die Frage **wer oder was?** ermittelt wird. Ein Substantiv im Nominativ ist Subjekt.

- **Das Auto** war ziemlich teuer.
  (Wer oder was war ziemlich teuer? - **Das Auto**.)
- **Ich** bin zu spät gekommen.

Nullableitung → Ableitung, implizite

Numerale (Numeralia) — Zahlwort

Numeralia sind Zahlwörter und geben die Anzahl an.
Der Plural von Numerale ist Numeralia oder Numeralien.

- **ein** Buch
- **zwei** Tische
- **drei** Äpfel

Numerale, indefinites — unbestimmtes Zahlwort

Das indefinite Numerale bezeichnet eine unbestimmte Anzahl von Personen oder Sachen.

- Er hat **all** das aufgegessen?
- Er hat **ein paar** davon gegessen.

Numerus (Numeri) — Zahl

Der Numerus gibt an, ob das Genannte einmal oder mehrmals vorhanden ist. Der Plural von Numerus ist Numeri.

- **Mann - Männer**
- **ich gehe** (1. Person Singular)
- **wir gehen** (1. Person Plural)

O

Objekt

Ein Objekt ist ein Satzglied, das im Genitiv (Genitivobjekt), Dativ (Dativobjekt) oder Akkusativ (Akkusativobjekt) steht oder mit einer Präposition (Präpositionalobjekt) verbunden ist.

- Er hat das Auto **seines Vaters** verkauft. (Genitivobjekt)
- Ich gebe **dir** das Buch. (Dativobjekt)
- Ich gebe dir **das Buch**. (Akkusativobjekt)
- Ich dachte **an deine Mutter**. (Präpositionalobjekt)

Objekt, direktes → Akkusativobjekt

Objekt, indirektes → Dativobjekt

Objektsatz

Ein Objektsatz ist ein Nebensatz an Stelle eines Objekts.

- Ich weiß nicht, **ob er kommt**. (Ich weiß **es** nicht.)

Ordinalzahl — Ordnungszahl

Ordinalzahlen sind **(der, die, das) erste, zweite, dritte** etc.

- Ich habe **das erste** Buch dieses Autors gelesen.

P

Paradigma

Ein Paradigma ist ein Muster einer bestimmten Konjugations- oder Deklinationsgruppe, das für alle dieser Gruppe zugehörigen Wörter gilt.

- lieben - liebte - geliebt
  heizen - heizte - geheizt
- der Tag - des Tag(e)s - dem Tag(e) - den Tag; Tage
  das Jahr - des Jahr(e)s - dem Jahr(e) - das Jahr; Jahre

Parataxe — Satzverbindung

Die Parataxe besteht aus mehreren Sätzen, von denen jeder allein stehen kann.

- **Sie trafen sich am Bahnhof, anschließend gingen sie ins Kino, danach trafen sie sich mit Paul.**

Partikel

Zu den Partikeln gehören Adverbien, Präpositionen, Konjunktionen.

- Ich treffe sie **bald**. (Adverb)
- Es liegt **auf** dem Tisch. (Präposition)
- Wir aßen **und** tranken. (Konjunktion)

Partizip Perfekt — Mittelwort der Vergangenheit

Das Partizip Perfekt ist eine Verbform, die zur Bildung der zusammengesetzten Zeiten und des Passivs dient und die mit dem Präfix **ge-** gebildet wird.
Das Partizip Perfekt kann auch in der Funktion eines Adjektivs stehen und endet dann auf **-t**.

- Er **ist** früh nach Hause **gegangen**.
- Ich **habe** das Buch **gelesen**.
- Ich **wurde** **eingeladen**.
- Vom Ergebnis seiner Prüfung **enttäuscht**, nahm er nicht an der Abschlussfeier teil.

Partizip Präsens — Mittelwort der Gegenwart

Das Partizip Präsens ist eine Verbform, die ausdrückt, dass sich eine Handlung im Verlauf befindet und die mit dem Suffix **-(e)nd** gebildet wird.

- Die Mutter weckte ihr **schlafendes** Kind.
- Er kam **rennend** an.

Passiv — Leideform

Im Passiv wird die Handlung am Subjekt vollzogen, d.h. das Subjekt des Passivsatzes führt die Handlung, im Gegensatz zum Aktiv, nicht durch.

- Die Tür **wird** vom Hausmeister **geöffnet**.
- Er **wurde** zum Professor **ernannt**.
- Ich **bin eingeladen worden**.

Patiens

Mit Patiens wird, im Gegensatz zum Agens, eine Person oder Sache bezeichnet, die von einer Handlung betroffen ist.

- Sie hat **ihn** ausgeschimpft.
- Er schneidet **das Brot**.
- Er hackt **Holz**.

Perfekt — vollendete Gegenwart

Das Perfekt ist eine Verbform, die den Abschluss, Vollzug eines Vorgangs ausdrückt.
Das Perfekt wird mit **haben** oder **sein** **+ Partizip Perfekt** gebildet.

- Ich **habe** meine Hausaufgaben gleich nach der Schule **gemacht**.
- Der Sportler **ist** völlig erschöpft am Ziel **angekommen**.

Personale (Personalia) — persönliches Verb

Das Personale ist ein Verb, das, im Gegensatz zum Impersonale, in allen drei Personen verwendet werden kann.
Der Plural von Personale ist Personalia oder Personalien.

- **Ich gehe** nach Hause.
- **Wir gehen** nach Hause.
- **Die Mutter geht** nach Hause.

Personalpronomen — persönliches Fürwort

Das Personalpronomen bezeichnet Personen oder Sachen und steht stellvertretend für diese. Hierzu gehören **ich, du, er, sie, es, wir, ihr sie, mich, mir, dir, dich, ihm, ihn, ihr, uns, euch, ihnen**.

- **Er** geht.
  (Statt: **Peter** geht.)
- **Sie** lesen.
  (Statt: **Peter und Petra** lesen.)

Plural — Mehrzahl

Der Plural drückt aus, dass, im Gegensatz zum Singular, etwas mehrfach vorhanden ist.

- **Frauen**
- **Häuser**
- wir **gehen** (1. Person Plural)

Pluraletantum (Pluraliatantum) — Pluralwort

Ein Pluraletantum ist ein Wort, das nur oder fast nur in der Pluralform vorkommt.
Der Plural von Pluraletantum ist Pluraliatantum.

- **Eltern** (selten Elter)
- **Geschwister**
- **Ferien**

Plusquamperfekt — Vorvergangenheit

Das Plusquamperfekt ist eine Verbform, die ausdrückt, dass ein Vorgang der Vergangenheit beendet war, bevor ein anderer einsetzte.
Das Plusquamperfekt wird mit der **2. Stammform** von **haben** oder **sein + Partizip Perfekt** gebildet.

- Ich **hatte** meinen Brief **beendet**, als meine Mutter ins Zimmer kam.
  (Das Schreiben des Briefes fand vor dem Hereinkommen der Mutter statt.)
- Ich **war** gerade am Bahnhof **angekommen**, als der Zug abfuhr.

Positiv — Grundstufe

Der Positiv bezeichnet, im Gegensatz zum Komparativ und Superlativ, die ungesteigerte Form des Adjektivs oder Adverbs, also das Adjektiv, Adverb selbst.

- **groß** (- größer - am größten)
- **klein**
- **eng**

Possessivpronomen — besitzanzeigendes Fürwort

Das Possessivpronomen drückt ein Besitz-, Zugehörigkeitsverhältnis aus.
Die Possessivpronomen sind **mein, dein, sein, ihr, unser, euer, ihr**.

- Das ist **mein** Auto.
- Es ist **ihr** Haus.
- Das ist **unser** Problem.

Prädikat — Satzaussage

Das Prädikat ist das Verb des Satzes und wird erfragt durch **was wird getan?**. Es kann aus einem Vollverb oder Hilfsverb und Vollverb bestehen.

- Ich **kaufe** ein Auto.
- Ich **kam** rechtzeitig **an**.
- Ich **habe** ein Auto **gekauft**.
- Ich **bin** rechtzeitig **angekommen**.

Präfix — Vorsilbe

Präfixe sind, im Gegensatz zu Suffixen, Vorsilben, die vor ein Wort gesetzt werden können.

- rechnen - **ver**rechnen
- Tür - **Vorder**tür
- gehen - **ent**gehen

Präposition — Verhältniswort

Die Präposition bezeichnet bestimmte Beziehungen und Verhältnisse.
Man unterscheidet finale, instrumentale, kausale, konditionale, konzessive, lokale, modale und temporale Präpositionen.

- Das Buch liegt **auf** dem Tisch.
- Ich gehe **in** die Stadt.
- Die Leiter lehnt **an** der Wand.

Präpositionalgefüge

Präpositionen stehen immer in Verbindung mit einem anderen Wort. Diese Verbindungen heißen Präpositionalgefüge.

- Das Buch **liegt auf dem Tisch**.
- Ich **gehe in die Stadt**.
- Die Leiter **lehnt an der Wand**.

Präpositionalkasus

Der Präpositionalkasus bezeichnet den Kasus, der durch eine Präposition bestimmt wird, d.h. der Kasus eines Wortes hängt davon ab, mit welcher Präposition es steht.

- Er arbeitet **für ein Unternehmen**, dessen Hauptsitz in Tokio ist.
  (Akkusativ: für wen arbeitet er?)
- Er arbeitet **bei einem Unternehmen**, dessen Hauptsitz in Tokio ist.
  (Dativ: bei wem arbeitet er?)

Präpositionalobjekt

Das Präpositionalobjekt ist ein Satzglied (Substantiv oder Pronomen), das Objekt ist und mit einer Präposition steht.

- Sie dachte **an ihre Freundin**.
- Sie kümmerte sich **um uns**.
- Er saß **auf dem Tisch**.

Präsens — Gegenwart

Das Präsens ist eine Verbform, die ausdrückt, dass ein Vorgang in der Gegenwart (zum Sprechzeitpunkt) oder der nahen Zukunft stattfindet.

- Ich **gehe** nach Hause.
- Er **sitzt** auf dem Sofa und **liest**.
- Sie **reist** morgen **ab**.

Präsens, episches

Das Präsens heißt episch, wenn es in Erzählungen verwendet wird, in denen normalerweise das Präteritum verwendet würde.

- Er **sitzt** gemütlich auf dem Sofa und **liest** ein Buch, als plötzlich die Tür **auffliegt** und Peter **hereinkommt**.

Präsens, historisches

Das historische Präsens steht bei einem bereits vergangenen Vorgang an Stelle des Präteritums, um einen Vorgang lebhaft und spannend darzustellen.

- Steffi Graf **gibt** Profikarriere nach 17 Jahren **auf**.
- 1492: Kolumbus **entdeckt** Amerika.

Präsens, szenisches

Das Präsens heißt szenisch, wenn das Präsens einen sonst im Präteritum geschilderten Vorgang unterbricht.

- Ich **saß** gemütlich zu Hause auf dem Sofa und **las** ein Buch, da **fliegt** doch plötzlich die Tür auf und Peter **steht** im Zimmer.

Präteritum → **Imperfekt**

Pronomen (Pronomina) — Fürwort

Die Pronomen stehen bei oder stellvertretend für ein Substantiv.
Man unterscheidet Personal-, Reflexiv-, Possessiv-, Demonstrativ-, Relativ-, Interrogativ- und Indefinitpronomen.
Der Plural von Pronomen ist Pronomina.

- **Er** geht. (Personalpronomen)
- Er wäscht **sich**. (Reflexivpronomen)
- Das ist **mein** Auto. (Possessivpronomen)
- Hast du **dieses** Buch gelesen? (Demonstrativpronomen)
- Dies ist das Buch, **das** er meint. (Relativpronomen)

Pronominaladverb — Umstandsfürwort

Die Pronominaladverbien stehen für eine Konstruktion aus Präposition und Substantiv oder Pronomen.

- Das Auto steht **darin**.
  (Das Auto steht **in der Garage**.)
- Das Buch liegt **darauf**.
  (Das Buch liegt **auf dem Tisch**.)

Pronominalverschiebung

Die Änderung von Personenangaben bei der Umwandlung der direkten Rede in die indirekte Rede heißt Pronominalverschiebung.

- Peter sagte: «**Ich** habe **deine** Mutter getroffen.»
  Peter sagte, dass **er meine** Mutter getroffen hat.

proportional

Proportional heißt ein gleichbleibendes Verhältnis ausdrücken.
Hierzu dienen proportionale Konjunktionen wie **je - desto, je - um so**.

- **Je** mehr er schuftete, **desto** kränker wurde er.
- **Je** früher du anfängst, **um so** eher bist du fertig.

R

Reflexivpronomen — rückbezügliches Fürwort

Das Reflexivpronomen bezieht sich zurück auf das Subjekt, d.h. Pronomen und Subjekt bezeichnen dieselbe Person.

- Er wäscht **sich**.
  (Im Gegensatz zu: Er wäscht **die Wäsche**.)

Rektion

Rektion heißt, dass das Verb oder das Adjektiv oder die Präposition bestimmt, in welchem Kasus ein von ihnen abhängendes Wort steht.

- Ich **traf seine Mutter** beim Einkaufen.
  (Das Verb **treffen** verlangt den Akkusativ, **jemanden treffen.**)

Relativadverb — bezügliches Umstandswort

Relativadverbien leiten einen Relativsatz ein. Hierzu gehören **wann, wieso, warum, weshalb, weswegen, womit**

- Sie fragte mich, **wann** ich ankomme.
- Ich wundere mich, **womit** sie das geschafft hat.

Relativpartikel

Relativpartikel leiten einen Relativsatz ein. Hierzu gehören **wo, wie, wohin, woher, wodurch**

- Ich wunderte mich, **woher** sie das wusste.
- Ich fragte mich, **wodurch** sie das erfahren hat.

Relativpronomen — bezügliches Fürwort

Das Relativpronomen bezieht sich auf ein vorausgehendes Substantiv und leitet einen Nebensatz, den so genannten Relativsatz ein.
Zu den Relativpronomen gehören **der, die, das, welcher, welche, welches, wer, was**

- Der Herr, **der** bei Rot über die Straße ging, wurde überfahren.
- Dies ist der Herr, **den** ich beim Einkaufen getroffen habe.
- Dies ist das Buch, **das/welches** einen Preis erhalten hat.

Relativsatz

Ein Relativsatz ist ein Nebensatz, der durch ein Relativpronomen, -partikel, -adverb eingeleitet wird.

- Der Herr, **der bei Rot über die Straße ging**, wurde überfahren.
- Dies ist der Herr, **den ich beim Einkaufen getroffen habe**.

Relativsatz, notwendiger

Notwendige Relativsätze sind zum Verständnis des Hauptsatzes notwendig, sie können nicht weggelassen werden.

- Er verhielt sich, **wie man sich verhält, wenn man ein schlechtes Gewissen hat**.
  (Nicht möglich: Er verhielt sich.)

Relativsatz, nicht notwendiger, ausmalender

Nicht notwendige Relativsätze sind zum Verständnis des Hauptsatzes nicht notwendig, sie können weggelassen werden, ohne den Satzinhalt zu verändern.

- Der Herr, **der bei Rot über die Straße ging**, wurde überfahren.
  (Möglich: Der Herr wurde überfahren.)

restriktiv — einschränkend

Restriktiv heißt eine Einschränkung ausdrücken.
Hierzu dienen restriktive Konjunktionen wie **aber, jedoch, nur**.

- Ich würde gerne mit dir verreisen, **nur** geht das leider nicht.
- Sie wollte uns eigentlich besuchen, **jedoch** klappte es leider nicht.

S

Satz, einfacher

Der einfache Satz enthält, im Gegensatz zum zusammengesetzten Satz, ein Verb.

- **Gib** mir das Buch.
- Er **ist** soeben **angekommen**.
- Ich **habe** das Buch **gelesen**.

Satz, zusammengesetzter

Der zusammengesetzte Satz besteht, im Gegensatz zum einfachen Satz, aus mehreren einfachen Teilsätzen.

- Er **sitzt** am Tisch und **liest** die Zeitung.
- Er **saß** auf dem Sofa, **starrte** vor sich hin und **wartete** auf ihre Rückkehr.

Satzadjektiv

Das Satzadjektiv ist ein unflektiertes Adjektiv oder Partizip, das unmittelbar neben dem Verb (Vollverb oder Hilfsverb) steht.

- Die Blumen **riechen** **gut**.
- Peter **ist** **klein**.
- Klaus **ist** **müde** **gewesen**.

Satzfrage

→ **Entscheidungsfrage**

Satzglied

Ein Satzglied ist das kleinste selbständige Satzelement (Wort).

- **Haus**
- **gehen**

Satzglied, einfaches

Das einfache Satzglied besteht, im Gegensatz zum komplexen Satzglied, nur aus einem Wort.

- **Haus**
- **gehen**
- **essen**

Satzglied, komplexes

Das komplexe Satzglied besteht, im Gegensatz zum einfachen Satzglied, aus mehreren Wörtern.

- Er **ist** nach Hause **gegangen**.
  (Prädikat aus Hilfsverb und Vollverb)
- **Mein Sohn Peter** ist nicht da.
  (Subjekt aus Possessivpronomen und 2 Substantiven)

Satzteilkonjunktion

Satzteilkonjunktionen verbinden Satzteile. Zur Verbindung von Wörtern dienen koordinierende Konjunktionen.
Zu den Satzteilkonjunktionen gehören **wie, als, desto, um so**.

- **Je** mehr er schuftete **desto** kränker wurde er.
- Sie wurde viel freundlicher empfangen, **als** sie erwartet hatte.

Satznegation

Bei der Satznegation wird, im Unterschied zur Sondernegation, die gesamte Aussage des Satzes verneint.

- **Ich habe dieses Buch nicht gelesen.**
- **Er hat seine Hausaufgaben nicht gemacht.**

Schaltsatz

Ein Schaltsatz ist ein Teilsatz (oft in Gedankenstrichen), der in einen anderen Teilsatz eingeschoben wird.

- Sie verließ **- ohne auch nur ein Wort zu sagen -** das Zimmer.

Scheinpartizip

Scheinpartizipien sind der Form nach zu Partizipien gewordene Adjektive, jedoch gehen sie eigentlich auf Substantive zurück.

- **gestreift** (von Streifen)
- **geblümt** (von Blumen)
- **verrunzelt** (von Runzeln)

Sein-Passiv, Zustandspassiv

Das Sein-Passiv oder Zustandspassiv bezeichnet, im Gegensatz zum Vorgangs- oder Werden-Passiv einen Zustand im Passiv und wird mit **sein** gebildet.

- Das Fenster **ist geöffnet**.
- Der Laden **ist geschlossen**.
- Ich **bin eingeladen**.

Sexus — natürliches Geschlecht

Der Sexus bezeichnet, im Gegensatz zum Genus, das natürliche Geschlecht eines Lebewesens.

- **der Mann**
- **die Frau**
- **der Junge**

Simplex (Simplizia) — einfaches Wort

Der Simplex ist, im Gegensatz zum Kom-

- **Auto**

positum, ein einfaches, nicht zusammengesetztes Wort.
Der Plural von Simplex ist Simplizia.

- **machen**
- **klein**

Singular Einzahl

Der Singular drückt, im Gegensatz zum Plural, aus, dass etwas einmal vorhanden ist.

- **Frau**
- **Haus**
- ich **gehe** (1. Person Singular)

Sondernegation

Bei der Sondernegation werden, im Gegensatz zur Satznegation, nur Teile der Aussage verneint, die Aussage insgesamt bleibt positiv.

- Ich habe **nicht dieses Buch**, sondern ein anderes gelesen.
- Ich treffe **nicht sie**, sondern ihn.

Spannsatz

Im Spannsatz steht das Finitum an letzter Stelle.
Spannsätze können Ausrufesätze, irreale Wunschsätze oder (durch eine Konjunktion) eingeleitete Nebensätze sein.

- Wie groß er **geworden ist**!
- Wenn ich doch **gefahren wäre**!
- Er fällt durch, wenn er nicht **lernt**.

Stammform

Mit Hilfe der Stammformen werden die Formen eines Verbs in allen Personen und Zeiten abgeleitet.
Die 1. Stammform ist die 1. Person Singular des Präsens, die 2. Stammform ist die 1. Person Singular des Präteritums und die 3. Stammform ist das Partizip Perfekt.

- **liebe** (1. Stammform)
- **liebte** (2. Stammform)
- **geliebt** (3. Stammform)

Daraus lassen sich z.B. die Verbformen der 1. - 3. Person Singular und Plural im Präteritum ableiten:
ich **liebte**, du **liebtest**, er **liebte**,
wir **liebten**, ihr **liebtet**, sie **liebten**

Stammvokal

Der Stammvokal ist der Vokal des Verbstamms, auf dem die Betonung liegt.

- ess-en
- schlaf-en
- trink-en

Stirnsatz

Beim Stirnsatz steht das Finitum an erster Stelle. Hierzu gehören Entscheidungsfragen, Ausrufesätze, Aufforderungssätze, irreale Wunschsätze und Nebensätze, die nicht durch eine Konjunktion eingeleitet sind.

- **Gehst** du jetzt nach Hause?
- **Ist** das eine Hitze!
- **Komm** her!
- **Würde** sie doch endlich gehen.
- **Ist** er durch die Prüfung gefallen, muss er das Semester wiederholen.

Stoffname

Stoffnamen sind Substantive, die ein bestimmtes Material, einen bestimmten Stoff bezeichnen.

- **Gold**
- **Stahl**
- **Kohle**

Subjekt — Satzgegenstand

Das Subjekt drückt aus, wer oder was eine Handlung ausführt. Es steht im Nominativ und wird demzufolge erfragt durch die Frage **wer oder was tut etwas?**.

- **Peter** geht nach Hause.
  (Wer geht nach Hause? - **Peter**.)
- **Das Auto** ist ganz neu.
  (Wer oder was ist ganz neu? - **Das Auto**.)

Subjektsatz

Der Subjektsatz ist ein Nebensatz an Stelle eines Subjekts.

- **Dass sie sich wieder sehen**, nehme ich an.
  (**Das** nehme ich an.)

Substantiv → **Nomen**

Substantivierung

Wortarten, die keine Substantive sind (z.B. Verben, Adjektive) können durch Voranstellen des Artikels zu Substantiven werden, also substantiviert werden. Sie werden dann großgeschrieben.

- lernen - **beim (bei dem) Lernen**
- essen - **das Essen**
- schön - **das Schöne**

Suffix — Nachsilbe

Suffixe sind, im Gegensatz zu den Präfixen, Nachsilben, die an ein Wort angehängt werden können.

- Lehrer**schaft**
- Kind**heit**
- Tisch**chen**

Superlativ — Meist-, Höchststufe, höchster Grad

Der Superlativ drückt, im Gegensatz zum Positiv und Komparativ, aus, dass von mindestens drei Wesen oder Sachen einem der höchste Grad einer Eigenschaft oder eines Merkmals zukommt.

- Maria singt **am besten**.
- Peter ist **am größten**.
- Klaus rennt **am schnellsten**.

Superlativ, absoluter → Elativ

syndetisch

Bei Satzgliedern, die durch Konjunktionen miteinander verbunden sind, spricht man, im Gegensatz zur asyndetischen, von syndetischer Verbindung.

- Das Auto ist **schnell und teuer und schön**.
- Das Auto ist **schön aber teuer**.

Synonym — sinngleiches Wort

Synonyme sind, im Gegensatz zu den Antonymen, Wörter gleicher oder ähnlicher Bedeutung.

- Auto - **Wagen**
- verbieten - **untersagen**
- genau - **präzise**

Syntax — Lehre vom Satzbau

Mit Syntax wird die Lehre vom Satzbau bezeichnet.

T

temporal — zeitlich

Temporal heißt die Zeit ausdrücken. Hierzu dienen temporale Adverbien, temporale Konjunktionen wie **während, nachdem, indem, indes(sen), solange, sobald, als, wie, wenn, nun, seit(dem), bis, bevor, ehe,** temporale Präpositionen wie **ab, von an, bis, in, seit, während**.

- Ich komme **sofort**.
- **Während** Peter in seinem Zimmer saß und las, machte seine Schwester ihre Hausaufgaben.
- Ich bin **bis** 7 Uhr zu Hause.

Temporalsatz

Ein Temporalsatz ist ein Nebensatz, der die Zeit ausdrückt. Er wird durch eine temporale Konjunktion eingeleitet.

- **Nachdem sie gegessen hatten**, gingen sie zu Bett.
- **Als sie ankamen**, hatten wir schon alles vorbereitet.

Tempus (Tempora) — Zeit

Mit Tempus werden die Zeitformen bezeichnet (z.B. Präsens, Futur etc.). Der Plural von Tempus ist Tempora.

- ich **gehe** (Präsens)
- er **ging** (Präteritum)
- du **bist gegangen** (Perfekt)

Transformation — Umformungsprobe

Bei der Transformation werden Satzteile umgesetzt, wobei die Bedeutung des Ausgangsteils erhalten bleibt.

- **Wenn Sie ihn besuchen**, grüßen Sie ihn bitte von mir.
  Bei Ihrem Besuch, grüßen … .

Transposition

Bei der Transposition wird eine Wortart durch Anhängen von Präfixen oder Suffixen in eine bestimmte Wortart umgewandelt.

- gestalten - **Gestaltung**
- Hochmut - **hochmütig**
- Kind - **kindlich**

U

Umlaut

Ä, ö und **ü** sind Umlaute.

V

Valenz — Wertigkeit

Mit Valenz wird die Eigenschaft des Verbs (mancher Substantive, Adjektive und Partikel) bezeichnet, im Satz Stellen zu eröffnen, die bestimmte Ergänzungen verlangen.

- Er **stellt** **sein Auto in die Garage**.
  (Das Verb **stellen** ist dreiwertig, es steht mit den Ergänzungen **sein Auto, in, die Garage**.)

Verb — Tätigkeits-, Tun-, Zeitwort

Das Verb drückt einen Zustand, Vorgang oder eine Handlung aus. Es ist ein unentbehrlicher Teil eines Satzes.

- **essen**
- **trinken**
- **sitzen**

Verb, absolutes

Absolute Verben stehen, im Gegensatz zu den relativen Verben ohne Ergänzung.

- Paul **isst**.
- Ich **lese**.

Verb, analytisches, periphrastisches
umschriebenes Verb
zusammengesetztes Verb

Analytische oder periphrastische Verben bestehen, im Gegensatz zu den synthetischen Verben, aus Hilfsverb und Partizip.

- Ich **habe gegessen**.
- Er **ist gegangen**.

Verb, intransitives
nicht zielendes Verb

Intransitive Verben stehen, im Gegensatz zu den transitiven Verben, ohne Akkusativobjekt.

- Ich **schlief** fest.
- Er **spricht** schnell.
- Ich **reise** morgen **ab**.

Verb, modifizierendes → Modalverb

Verb, periphrastisches → Verb, analytisches

Verb, persönliches → Personale

Verb, reflexives
rückbezügliches Verb

Reflexive Verben sind Verben, die mit einem Reflexivpronomen verbunden sind.

- Ich **erinnere mich** gerne an meine letzte Urlaubsreise.

Verb, echtes reflexives
echtes rückbezügliches Verb

Echte reflexive Verben müssen, im Gegensatz zu den unechten reflexiven Verben mit einem Reflexivpronomen verbunden werden, d.h. das Reflexivpronomen kann nicht weggelassen, ersetzt, erfragt, verneint werden oder eine andere Stellung im Satz einnehmen.

- Er **beeilt sich**.

(Nicht möglich:
Er beeilt.
Er beeilt seinen Sohn.
Wen beeilt er?
Er beeilt nicht sich, sondern seinen Sohn.
Sich beeilt er.)

Verb, unechtes reflexives — unechtes rückbezügliches Verb

Unechte reflexive Verben können mit einem Reflexivpronomen verbunden werden, d.h., im Gegensatz zu den echten reflexiven Verben, kann das Reflexivpronomen weggelassen, ersetzt, erfragt, verneint werden, eine andere Stellung im Satz einnehmen oder mit **selbst** verbunden werden.

- Er **wäscht sich**.
  (Möglich:
  Er wäscht.
  Er wäscht die Wäsche.
  Wen wäscht er?
  Er wäscht nicht sich, sondern die Wäsche.
  Sich wäscht er.
  Er wäscht sich selbst.

Verb, relatives

Relative Verben werden, im Gegensatz zu den absoluten Verben, mit Ergänzungen (z.B. Objekten) verwendet.

- Paul **isst** **ein Brot**.
- Petra **liest** **ein Buch**.
- Ich **schreibe** **einen Brief**.

Verb, reziprokes — Verb der Gegenseitigkeit

Reziproke Verben werden mit einem Reflexivpronomen oder **einander** verbunden. Das Reflexivpronomen drückt hier ein gegenseitiges Verhältnis aus.

- Klaus und Peter **kennen sich** seit langem.
- Klaus und Peter **kennen einander** seit langem.

Verb, synthetisches — einfaches Verb

Synthetische Verben werden, im Gegensatz zu den analytischen oder periphrastischen Verben mittels Endungen und dem Präfix **ge-** gebildet.

- Ich **esse**.
- Ich **gehe**.
- Es **gefällt** mir.

Verb, teilreflexives — teilweise rückbezügliches Verb

Teilreflexive Verben sind in einer Bedeutung echte reflexive Verben, in einer anderen nicht reflexive Verben.

- Er **ärgerte sich** über sein Verhalten.
  (selbst Ärger empfinden)
- Du **ärgerst** ihn mit deinem Verhalten.
  (jemand anderen ärgern)

Verb, transitives — zielendes Verb

Transitive Verben stehen, im Gegensatz zu den intransitiven Verben, mit Akkusativobjekt.

- Ich lese **ein Buch**.
- Er isst **ein Brot**.
- Wir schreiben **einen Brief**.

Verb, unpersönliches → Impersonale

Verbalisierung

Bei der Verbalisierung werden Substantive, Adjektive in Verben umgewandelt.

- Getränk - **trinken**
- Regen - **regnen**

Verbform, finite → Finitum

Verbform, infinite → Infinitum

Verbstamm

Der Verbstamm ergibt sich, wenn man vom Infinitiv die Endung **-en** abtrennt.

- gehen
- essen
- sitzen

Vervielfältigungszahlwort

Vervielfältigungszahlwörter geben an, wie oft etwas vorhanden ist und hängen meist das Präfix **-fach** an.

- **einfach**
- **zweifach, doppelt**
- **dreifach**

Vokal — Selbstlaut

Ein Vokal ist, im Gegensatz zum Konsonant, ein Laut, zu dessen Aussprache kein anderer Laut benötigt wird.
Vokale sind **a, e, i, o, u**.

Vollverb

Vollverben können, im Gegensatz zu den Hilfsverben, das Prädikat allein bilden.

- Ich **gehe** nach Hause.
- Er **schreibt** einen Brief.

Vorgangspassiv, Werden-Passiv

Das Vorgangs- oder Werden-Passiv bezeichnet, im Gegensatz zum Sein-Passiv, einen Vorgang im Passiv und wird mit **werden** gebildet.

- Das Fenster **wird geöffnet**.
- Der Laden **wurde geschlossen**.
- Ich **werde eingeladen**.

Vorzeitigkeit

Vorzeitigkeit bedeutet, dass der Vorgang des Nebensatzes vor dem des Hauptsatzes stattfindet.

- **Ich sah** sie erst, **nachdem sie** mich schon **gesehen hatte**.

W

Wendung, idiomatische

feste Wendung

Eine idiomatische Wendung ist eine feste Redewendung, die kein selbständiger Satz ist und eine eigene Bedeutung hat.

- **auf den Arm nehmen**
- **um den heißen Brei herumreden**
- **rot sehen**

Werden-Passiv → **Vorgangspassiv**

Wiederholungszahlwort

Wiederholungszahlwörter geben an, wie viele Male etwas geschieht und hängen meist das Suffix **-mal** an.

- **einmal**
- **zweimal**
- **dreimal**

Wörtliche Rede → **Direkte Rede**

Wortart

Wörter werden auf Grund ihrer Form und Funktion in bestimmte Gruppen, die Wortarten eingeteilt (z.B. Substantive, Verben, Adjektive etc.).

- **Haus** (Substantiv)
- **gehen** (Verb)
- **klein** (Adjektiv)
- **oft** (Adverb)
- **in** (Präposition)

Wortfrage → **Ergänzungsfrage**

Z

Zahladjektiv

Ein Zahladjektiv ist ein Adjektiv (es bezieht sich auf ein Substantiv), das eine Zahl bezeichnet.

- Es stehen **drei** **Bücher** im Regal.
- Er hat sich **ein** **Auto** gekauft.
- Sie hat **zwei** **Äpfel** gegessen.

Zustandspassiv → **Sein-Passiv**

Zwischensatz

Der Zwischensatz ist ein Teilsatz, der in der Regel nach dem Finitum des Hauptsatzes eingeschoben wird.

- Er konnte, **da er krank war**, gestern nicht zum Unterricht kommen.

INDEX